BEI GRIN MACHT SICH IHR WISSEN BEZAHLT

Lynn Bay

Empirische Erziehungswissenschaft

GRIN Verlag

Bibliografische Information der Deutschen Nationalbibliothek:

Die Deutsche Bibliothek verzeichnet diese Publikation in der Deutschen National-
bibliografie; detaillierte bibliografische Daten sind im Internet über http://dnb.d-
nb.de/ abrufbar.

Impressum:

Copyright © 2014 GRIN Verlag GmbH
Druck und Bindung: Books on Demand GmbH, Norderstedt Germany
ISBN: 978-3-656-86111-9

Dieses Buch bei GRIN:

http://www.grin.com/de/e-book/285812/empirische-erziehungswissenschaft

Inhaltsverzeichnis

1. Einleitung

„[W]eil sie am ehesten dem im heutigen Alltagsbewusstsein vorherrschenden Verständnis von Wissenschaft entspricht" (Koller 2009: S. 179), damit begründet Koller seine Entscheidung, die empirische Erziehungswissenschaft als erste der methodischen Ansätze zu beschreiben. Die Bemühungen der empirischen Pädagogik, „empirisch-analytische Denkweisen zum zentralen Bestandteil der Erziehungswissenschaft zu machen" (Raithel 2009, S. 180) zeugen von einem Bedürfnis, die Erziehungswissenschaft (als eine Sozialwissenschaft) von den Geisteswissenschaften abzugrenzen, indem man sich der Methoden der Naturwissenschaft bedient.

In dieser Ausarbeitung des Referats zum Thema Empirische Erziehungswissenschaft soll dargestellt werden, wo sich die Erziehungswissenschaft im weiten Feld der Wissenschaften einordnen lässt, und wovon ihre „Wissenschaftlichkeit" abhängig gemacht wird. Dazu wird ein kurzer Abriss über die verschiedenen Erklärungsmodelle gegeben und anschließend das praktische Vorgehen in der empirischen Erziehungswissenschaft beschrieben.

2. Empirische Erziehungswissenschaft

2.1. Erziehungswissenschaft und Wissenschaftsverständnis – die Erklären-Verstehen-Debatte

Um die Erziehungswissenschaften in das Feld der Wissenschaften einzuordnen, muss hier zuerst einmal erläutert werden, wie dieses genau unterteilt wurde. Zunächst unterscheidet man nach Koller zwischen

Formalwissenschaften (wie z.B. Mathematik und Logik), *Naturwissenschaften* (wie z.B. Physik und Chemie), *Sozialwissenschaften* (wie z.B. Soziologie und Psychologie) sowie *Geistes- oder Kulturwissenschaften* (wie z.B. Literatur- und Sprachwissenschaften) (Koller 2009: S. 179; Hervorhebungen im Original)

Dieser Unterteilung liegen zwei Kriterien zugrunde, der Gegenstandsbereich der Wissenschaften und die Methoden, die in ihnen angewandt werden. Im Fall der Naturwissenschaften kann man also sagen, dass sie sich alle mit natürlichen Sachverhalten beschäftigen und auch in den angewandten Methoden übereinstimmen.

Der Unterschied zwischen den Natur-und den Geisteswissenschaften im Bezug auf ihre Methode lässt sich besonders an der Erklären-Verstehen-Debatte festlegen. Ihr zufolge ist das Ziel der Naturwissenschaften, „Erscheinungen in der Natur zu *erklären,* während die Geisteswissenschaften sich durch eine Methode auszeich[nen], die auf dem *Verstehen* beruh[t]." (ebd. S. 180; Hervorhebungen im Original)

Die Vorgehensweise in den Naturwissenschaften bezeichnet man als *nomothetisch,* da das *Erklären* als „methodische Operation" aufgefasst wird, „die darin besteht, eine Erscheinung oder einen Sachverhalt auf allgemein gültige *Gesetzmäßigkeiten* [. . .] zurückzuführen." (ebd. S. 180; Hervorhebungen im Original)

Im Gegensatz dazu wird das *Verstehen* als Deutung eines Sachverhalts „als Folge bestimmter Intentionen, Zielsetzungen oder Zwecke" (ebd. S. 181.) angesehen und deswegen *teleologisch* genannt. Das *Verstehen* ist Methode der Geisteswissenschaften, da es die Interpretation von Gegenständen, Sachverhalten oder Ereignissen hinsichtlich der Intentionen und Ziele menschlichen Handelns voraussetzt, während in den Naturwissenschaften die objektive Betrachtung, Beschreibung und die Rückführung von Sachverhalten auf allgemein gültige Gesetze im Vordergrund stehen.

Für die Sozialwissenschaften, und damit auch die Erziehungswissenschaften, erweckt diese Einteilung den Eindruck, dass es notwendig ist, sich einer Methode anzuschließen, um klar entweder der einen Richtung oder der anderen zugeordnet werden zu können. Dies ist ein Konflikt, der später noch angesprochen werden soll.

2.2. Die wissenschaftliche Erklärung

Nach Koller besteht eine wissenschaftliche Erklärung aus drei Elementen: erstens einem *Ereignis,* das erklärt (bzw. vorausgesagt oder geprüft) werden soll, zweitens *speziellen Bedingungen,* unter denen dieses Ereignis auftritt, und drittens einem oder mehreren *allgemeinen Gesetzen,* die etwas über den Zusammenhang zwischen diesen speziellen Bedingungen und jenem Ereignis aussagen. (ebd. S. 183f. Hervorhebungen im Original)

Anschaulich macht dies das theoretische Modell von Carl Gustav Hempel. Bei ihm wird ein Ereignis E, bezeichnet als *Explanandum* (das Zu-Erklärende), mithilfe des *Explanans* (das Erklärende), das sich aus sogenannten „speziellen Sachverhalten" bzw. „speziellen Bedingungen" und einem allgemeingültigen Gesetz, „das besagt, dass bzw. warum das Ereignis E unter den genannten speziellen Bedingungen mit Notwendigkeit eintreten *musste*" (ebd. S. 185; Hervorhebung im Original), zusammensetzt, erklärt.

Koller erläutert das Modell anhand eines Beispiels, nämlich dem Ereignis, dass in einem Auto über Nacht der Kühler platzt, In diesem Fall wäre der spezielle Sachverhalt, die Tatsache, dass der Kühler randvoll mit Wasser und fest verschlossen war. Das Explanans wird durch das allgemeingültige Gesetz, dass Wasser bei Temperaturen unter null Grad Celsius gefriert und der Druck der Wassermasse dabei steigt, vervollständigt. Somit wurde das Explanandum, das Platzen des Kühlers, erklärt und man kommt schließlich zu der Formel:„Das Gesetz G besagt, dass das Ereignis E eintreten *muss*, wenn die speziellen Bedingungen B gegeben sind." (ebd. S.186; Hervorhebung im Original).

Da man mithilfe dieses Schemas ein „Ereignis aus einem allgemeine[n] Gesetz und den speziellen Bedingungen *ableitet*" (ebd. S. 186; Hervorhebung im Original), nennt man das Erklärungsmodell *deduktiv-nomologisch*.

2.3. Intersubjektive Nachprüfbarkeit

Diese allgemein gültigen Gesetze müssen zuerst hergeleitet werden, und zwar durch die der Deduktion (die oben beschrieben wurde) entgegengesetzten *Induktion*. Also werden „Gesetze [. . .] aus Erfahrungen abgeleitet, die sich systematisch mithilfe von Beobachtungen und Experimenten gewinnen lassen" (ebd. S. 186). Es sollen demnach aus speziellen Fällen allgemeingültige Aussagen und Gesetze gewonnen werden.

Kommt man, wie Koller es tut, auf das Beispiel des geplatzten Autokühlers zurück, so würde das bedeuten, dass man unter Einbeziehung der speziellen Bedingungen versucht, das Gesetz zu formulieren, welches das Ereignis erklärt. Durch Experimente könnte ein Wissenschaftler sich also sowohl herleiten, dass das Platzen des Kühlers temperaturabhängig ist, als auch feststellen, dass ein Zufügen von Frostschutzmittel das Platzen verhindern könnte. Aus diesen Erkenntnissen kann er dann allgemeingültige Gesetze ableiten.

Die Induktion als Methode der Ableitung von allgemein gültigen Gesetzen weist allerdings Probleme auf. Schließt man von einem speziellen Fall auf alle potentiell folgenden, kann die Gültigkeit des Gesetzes jederzeit widerlegt werden, wenn man plötzlich doch auf die Ausnahme stößt, denn

Abgesehen von Aussagen über sehr begrenzte und vollständig überschaubare Gegenstandsbereiche ist es prinzipiell nicht beweisbar, dass eine auf induktivem Weg gewonnene verallgemeinernde Aussage wirklich für *alle* Fälle gilt bzw. dass es *nie und nirgends* einen Fall geben kann, der diese Aussage widerlegen würde (ebd. S. 188; Hervorhebungen im Original).

Seifert nennt in diesem Zusammenhang „das bereits klassische Beispiel für die **Unsicherheit induktiver Schlüsse**" (Seifert in Raithel 2009: S. 183; Hervorhebung im Original) nämlich den weißen Schwan. Da man generell weiße Schwäne sieht, schließt man daraus, dass alle Schwäne weiß sein müssen. Die induktive Schlussfolgerung kann allerdings nicht ausschließen, dass es auch nicht-weiße Schwäne gibt. Wenn es nicht-weiße Schwäne gibt, dann ist das Gesetz falsifiziert, d.h. sobald man einen schwarzen Schwan sieht, ist das Gesetz hinfällig. Deswegen schreibt Seifert:

Bei induktiv-empirisch gewonnenen Sätzen muss stets damit gerechnet werden, dass sie nicht immer und überall gelten. Deshalb muss Erfahrungswissenschaft vorsichtiger formulieren und in diesem Fall sagen: „Bisher scheint es so, dass alle Schwäne weiß sind – aber es können ja jederzeit auch andersfarbige entdeckt werden" (ebd. S. 183)

Um dieses Problem zu lösen, entwarf der Philosoph Karl Raimund Popper in seinem Buch *Die Logik der Erforschung* ein alternatives Modell wissenschaftlicher Erkenntnisgewinnung. Die Schritte, die Popper als „Erkenntniszusammenhang" und Begründungszusammenhang" bezeichnet, lassen sich in das „Aufstellen wissenschaftlicher Aussagen und [die] systematisch[e] Überprüfung und Begründung dieser Aussagen" (Koller 2009: S. 189) einteilen. Sobald die wissenschaftliche Aussage aufgestellt ist, muss sie einer „radikal[en] Kritik" (ebd. S. 189) unterzogen werden.

Als erstes operationalisiert man die Hypothese, die man aufgestellt hat, d.h. man benennt „konkrete, überprüfbare [. . .] Sachverhalte, die eintreten müssen, wenn diese Hypothese oder Theorie zutrifft" (Brezinka in Koller 2009: S. 190). Was darauf folgt, ist eine Überprüfung dieser Prognosen anhand empirischer Beobachtungen, während der sie entweder verifiziert oder falsifiziert werden. Im Falle einer Falsifikation der Prognose, ist die gesamte Theorie widerlegt, wenn allerdings die Prognose verifiziert wird, so ist ihre Verifikation nur auf eben diesen Fall zu beziehen. Eine wissenschaftliche Hypothese ist demnach niemals als „wahr" zu bezeichnen, sondern immer nur als „bewährt", bis sie widerlegt wird.

Um überhaupt als wissenschaftliche Aussage betrachte zu werden, muss die Hypothese zuerst zwei Bedingungen erfüllen. Sie muss prinzipiell falsifizierbar sein und sie muss sich unter strenger empirischer Prüfung bewähren.

2.4. Wissenschaftlichkeit von Wahrscheinlichkeitsaussagen

In der Erziehungswissenschaft hat man es nun aber selten mit Sachverhalten zu tun, die sich an einem allgemein gültigen Gesetz, wie dem, dass Wasser bei Temperaturen unter null Grad Celsius gefriert, zu tun. Auch Brezinka macht darauf Aufmerksam, dass es für komplexe Ereignisse nicht mehr möglich ist, zu Hypothesen zu gelangen, die absolut gültig sind.

Dieses Problem soll nun mit einer anderen Art von Gesetzeshypothese umgangen werde, nämlich solchen, die

nicht deterministisch, sofern sie keine Vorhersagen für ausnahmslos jeden Fall erlauben, sondern *probabilistisch* (von lat. *probabilis* = wahrscheinlich) [sind], indem sie Aussagen über die Häufigkeit eines bestimmten Phänomens innerhalb eines abgrenzbaren Bereichs machen (Koller 2009: S. 192f.; Hervorhebung im Original).

Die Wissenschaftlichkeit einer solchen Aussage veranschaulicht Koller mit einem Beispiel (Folgendes vgl. ebd. S.192ff.). In einer medizinischen Studie hat sich ergeben, dass ein Medikament bei Patienten mit einer bestimmten Krankheit zu achtzig prozentiger Wahrscheinlichkeit wirkt. Diese Aussage allein kann man laut Koller als „bewährt" betrachten, da man sie – im Laufe der fiktionalen medizinischen Untersuchungen – einer empirischen Prüfung unterzogen hat, deren Ergebnis sie war. Nun wird die Hypothese auf Hempels Schema der deduktiv-nomologischen Erklärung angewendet, in dem der Sachverhalt der Heilung des Patienten P als Explanandum erklärt werden soll. Das Explanans bilden hierbei die speziellen Bedingungen B, also zum einen das Leiden des Patienten an der bestimmten Krankheit K zusammen mit der Tatsache, dass eine Behandlung mit dem Medikament M durchgeführt wird. Den zweiten Teil des Explanans stellt die Wahrscheinlichkeitsaussage W, der zufolge das Medikament

M bei achtzig Prozent der Patienten, die an Krankheit K leiden, wirkt, dar. Somit kommt man zum Schema einer probabilistischen Erklärung. Hier kann keine Aussage mehr darüber getroffen werden, unter welchen Bedingungen ein Ereignis eintreten muss, sondern nur noch darüber, wie wahrscheinlich es ist, dass es eintreten wird.

Für den einzelnen Patient im Beispiel bedeutet dies, dass man nicht vorhersagen kann, ob er tatsächlich geheilt wird. Er kann ebenso gut zu den zwanzig Prozent gehören, bei denen das Medikament keine Wirkung zeigt.

Während deduktiv-nomologische Erklärungsmodelle in der Erziehungswissenschaft nicht angewendet werden (können), findet das probabilistische Erklärungsmodell häufig Verwendung (vgl. Koller 2009: S.195).

2.5. „Auf Jungen achtet man einfach mehr" – empirische Pädagogik in der Praxis

Wie kann man sich empirische Pädagogik in der Praxis vorstellen? Koller beantwortet diese Frage mit dem Beispiel eines Forschungsprojekts mit dem Titel „Auf Jungen achtet man einfach mehr" aus der Schul-und Unterrichtsforschung (Folgendes Koller 2009: S. 195ff.). In ihrem Projekt hatten es sich die Erziehungswissenschaftlerinnen Heidi Frasch und Angelika Wagner zum Ziel gesetzt, zu betrachten, inwieweit Jungen und Mädchen von ihren Lehrern unterschiedlich behandelt werden. Dazu formulierten sie in einem ersten Schritt einige Hypothesen, die auf ihren eigenen Annahmen und Erfahrung basierten. Am Ende kamen sie zu zehn Einzelhypothesen, u.a. folgenden:

1. Jungen werden häufiger aufgerufen als Mädchen, sowohl wenn sie sich melden, als auch wenn sie sich nicht melden.
2. Jungen werden häufiger gelobt als Mädchen.
3. Jungen werden häufiger getadelt als Mädchen.
4. Jungen werden häufiger ermahnt als Mädchen (Disziplintadel) (Frasch & Wagner in Koller 2009: S. 196)

Diese Hypothesen wurden dann operationalisiert, in dem „Beobachtungskategorien entworfen und genau definiert wurde, was unter den Begriffen *Lob, Tadel* etc. zu verstehen war und welchem Verhalten der Lehrer sie entsprachen. Danach wurde die empirische Überprüfung der Thesen in zwölf verschiedenen Klassen des vierten Schuljahres für je eine Unterrichtsstunde verschiedener Fächer durchgeführt, wobei den elf Lehrerinnen und vier Lehrern, deren Unterricht besucht wurde, nur gesagt worden war, dass es um die Beobachtung von Schüleraktivitäten gehe, damit die Ergebnisse nicht verfälscht wurden.

Letztendlich zeigte die Auswertung der Beobachtung, dass ein Großteil der Hypothesen zutraf. Unter anderem fand man heraus, dass Jungen sich durchschnittlich 3,9-mal melden mussten, um aufgerufen zu werden, während es bei Mädchen 4,6-mal war. Außerdem wurden Jungen mehr als doppelt so oft gelobt wie Mädchen.

Es wurde weder der Anspruch gestellt, Gesetzesaussagen abzuleiten, noch hätte dieser erfüllt werden können. Frasch und Wagner kamen in ihren Ergebnissen zu statistischen Wahrscheinlichkeitsaussagen, durch die sich ihre Einzelhypothesen entweder bewährten oder falsifiziert wurden. Frasch und Wagner selbst zogen folgenden Schluss:

Insgesamt weisen bereits diese Ergebnisse auf eine Vernachlässigung der Mädchen hin; Mädchen haben [. . .] nicht nur eine deutlich geringere Chance, dranzukommen, sondern sie werden für das, was sie sagen, auch sehr viel seltener gelobt als Jungen. Jungen werden demgegenüber viel häufiger im Disziplinarbereich getadelt. (Frasch & Wagner in Koller 2009: S. 197)

Wie lassen sich solche Ergebnisse also deuten? Zum einen treffen probabilistische Aussagen auf den einzelnen Schüler in dem Sinn, dass jeder Junge doppelt so oft wie jedes Mädchen aufgerufen wird, nicht zu. Wie Frasch und Wagner aber bereits schreiben, lässt sich eine allgemeine Tendenz sehr wohl erkennen. Auch kann man sagen, dass ein Junge statistisch eine größere Chance hat, aufgerufen zu werden. Diese Ergebnisse sind allerdings nur vorläufig als bewährt zu betrachten. Frasch und Wagner selbst führten nach ihrer ersten Beobachtung noch eine weitere Untersuchung in größerem Rahmen durch. Diese bestätigte ihre Ergebnisse noch einmal, weswegen man sie als vorläufig bewährt betrachten kann, bis neue Studien zum Thema gemacht werden.

Wie Koller feststellt, können „empirische Untersuchungen, die dem skizzierten Modell folgen [. . .] nicht auf eine *Interpretation* ihrer Befunde verzichten" (ebd. S. 198; Hervorhebung im Original). Die Statistik kann keine Auskunft darüber geben, welche Motivation oder Intention hinter dem „*Verhalten* (und nicht etwa

[dem] *Handeln* " (Koller 2009: S. 198; Hervorhebung im Original) der Lehrer und Lehrerinnen steckt.

2.6. Die Operationalisierung einer eigenen Hypothese und ihre empirische Überprüfung

Möchte man eine eigene Hypothese aufstellen, wie es im Rahmen des Referats als Gedankenspiel versucht wurde, muss man diese erst auf ihre Wissenschaftlichkeit untersuchen. Im Fall der Aussage „Studenten schlafen bei Referaten mehr als beim Vortrag des Dozenten" [1] wurde zuerst die Frage beantwortet, ob es sich hierbei um einen überprüfbaren und prinzipiell falsifizierbaren Satz handelt. Nur wenn diese Bedingung erfüllt ist, kann man ihn einer empirischen Untersuchung zugrunde legen.

Das Problem der Nachweisbarkeit lässt sich an der Definition des Begriffs „schlafen" festmachen. Um eine sinnvolle Beobachtung durchzuführen, muss genau festgelegt werden, welches Verhalten als „schlafen" gedeutet werden soll. Wenn man nur nach äußerlichen, mit bloßem Auge sichtbaren Merkmalen entscheiden kann, könnte man sich beispielsweise nach Kriterien wie „die Augen sind geschlossen" oder „der Körper sackt nach vorne" bzw. „Kopf liegt auf dem Tisch" richten. Mithilfe technischer Ausstattung könnte man ansonsten auch noch Pulsfrequenz oder die Weitung der Pupille messen. Allerdings löst das nicht das Problem der Definition. Verwendet man die genannten Kriterien, liegt es nahe, dass man „schlafen" als das tatsächliche Einschlafen während des Unterrichts versteht.

Eine andere Auslegung des Begriffs wäre „nicht aufpassen", was durch reine Beobachtung nur schwer zu messen wäre. Um aussagekräftige Ergebnisse zu bekommen, was diese Auslegung betrifft, könnte man mit Fragebögen arbeiten. [2] Den Studenten würden dann nach dem Unterricht Fragebögen gegeben werden, die sie wahrheitsgemäß ausfüllen sollen, dazu würde es außerdem Testfragen über den Inhalt der Stunde geben, die nachvollziehen ließen, wie viel die Studenten tatsächlich mitbekommen haben. Die Aussage könnte damit also empirisch überprüft und gegebenenfalls falsifiziert werden.

---

[1] Dieses Beispiel wurde vor dem Referat zusammen mit den anderen Referenten erarbeitet.
[2] Der Vorschlag wurde in der an das Referat anschließenden Diskussion von einer Kommilitonin zur Sprache gebracht. Im Folgenden werden weitere Gedankengänge aus dieser Diskussion aufgenommen und weitergeführt.

Schwieriger wird es bei der Durchführung der Überprüfung der Hypothese. Um zu verwertbaren Ergebnissen zu kommen, muss die Testgruppe groß genug sein. Man müsste also in verschiedene Seminare verschiedener Fachbereiche und dann jeweils immer den Vergleich zwischen Stunden ziehen, in denen der selbe Stoff mit den gleichen medialen Hilfsmitteln vermittelt wird, allerdings einmal durch den Dozenten selbst und einmal durch ein studentisches Referat, und das natürlich in zwei verschiedenen Gruppen. Dass sich die Teilnehmer von Seminaren gerade an der Universität sehr heterogen zusammensetzen, könnte hierbei ein Problem sein, das zumindest dadurch verringern könnte, indem man beispielsweise nur in Erstsemesterseminaren Beobachtungen durchführt. Trotzdem ist es natürlich unmöglich, für jede der Beobachtungen absolut identische Bedingungen herzustellen. Sobald es um Gruppen von Menschen und menschliches Handeln geht, werden Situationen zu komplex.

Was die Ergebnisse eines solchen Projekts betrifft, würden man hier wie bei dem Forschungsprojekt von Frasch und Wagner zu probabilistischen Aussagen kommen. Im besten Fall erhält man statistische Aussagen darüber, ob Wahrscheinlichkeit, dass ein Student oder eine Studentin „schläft" größer ist, wenn der Dozent referiert oder wenn Kommilitonen eine Präsentation halten.

Fragen, die durch eine solche Studie nicht beantwortet werden können, die für die Erziehungswissenschaft aber trotzdem von Interesse sein könnten, sind beispielsweise die Frage danach, warum Studenten vielleicht weniger aufpassen oder was genau dazu geführt hat, dass einem Sprecher die Aufmerksamkeit seines Publikums verlorengegangen ist. Außerdem kann auch hier keine Aussage über Einzelfälle getroffen werden, sondern nur über statistische Wahrscheinlichkeiten.

3. Schluss

Hat die empirische Erziehungswissenschaft nun letztendlich den Sprung zu den Naturwissenschaften geschafft? Im Grunde ist diese Frage natürlich falsch gestellt und unberechtigt, da sich Naturwissenschaften mit einem anderen Gegenstand beschäftigen als die Sozialwissenschaften. Doch wenn man sagen muss, dass die empirische Pädagogik am ehesten der Auffassung von wissenschaftlicher Methodik entspricht, stellt sich die Frage, inwiefern die anderen Ansätze das nicht tun und ob bei der Erklären-Verstehen-Debatte nicht noch immer eine gewisse Neigung dazu besteht, dem Erklären in Sachen Wissenschaftlichkeit den Vorzug zu geben. Die empirische Pädagogik zeigt, welche Möglichkeiten das objektive Beobachten und Beschreiben von Sachverhalten zur Ableitung probabilistischer Aussagen bietet, doch werden dem Wissenschaftler auch schnell die Grenzen der Methode bewusst. Allgemeingültige Gesetze wie beispielsweise in der Physik lassen sich in den Sozialwissenschaften nicht aufstellen. Trotzdem lässt sich durch empirische Überprüfung wissenschaftlicher Hypothesen pädagogisches Handeln verbessern, wenn man sich der Grenzen statistischer Aussagen bewusst ist. Die Sozialwissenschaften, und damit die Erziehungswissenschaften, müssen sich nicht auf eine Seite der Erklären-Verstehen-Debatte begeben, sondern beide Methoden geschickt kombinieren.

4. Literatur

Koller, Hans-Christoph (2009): *Der methodische Ansatz der empirischen Erziehungswissenschaft*. In: Ders.: *Grundbegriffe, Theorien und Methoden der Erziehungswissenschaft. Eine Einführung.* 4. Aufl. Stuttgart, S. 179-199.

Raithel, Jürgen (2009): *Einführung Pädagogik.* 3. Aufl. Wiesbaden.